Mit freundlicher Unterstützung von:

Klaus Dauven
Wild-Wechsel

Oleftalsperre, April 2007

Sehr geehrte Damen und Herren, liebe Kunstfreunde,

als Alfred Kärcher im Jahre 1950 den Hochdruckreiniger erfand und zum Patent anmeldete, konnte er nicht ahnen, für welch unterschiedliche Zwekke das neuartige Gerät einmal eingesetzt würde. Zunächst hauptsächlich in der Landwirtschaft und für die Fahrzeugwäsche verwendet, wurde diese Methode der berührungslosen Reinigung mit dem energiereichen Wasserstrahl bald in allen Branchen genutzt, ganz gleich, ob es darum ging, Abfüllanlagen in der Fruchtsaftindustrie zu reinigen, Zementreste von Bauverschalungen zu entfernen oder Duschräume in Hallenbädern zu desinfizieren.
Mit der Erfindung des tragbaren Hochdruckreinigers Mitte der 80er Jahre durch Entwickler unseres Hauses hat dieses vielseitige Gerät auch in privaten Haushalten Einzug gehalten, um Terrassen, Gehwege und Gartenmauern auf umweltfreundliche – da wassersparende und Reinigungschemie reduzierende – Art und Weise zu reinigen.

Auch mit der Kunst kam der Hochdruckreiniger früh in Berührung, wenn es galt, historische Gebäude und Denkmäler schonend von substanzgefährdenden Schmutzschichten zu befreien. Der Reinigungsgerätehersteller Kärcher hat sich auf diesem Gebiet früh einen Namen gemacht und im Rahmen eines seit Jahrzehnten bestehenden Kultursponsoringprogramms weltweit zahlreiche wertvolle Monumente vor dem Verfall bewahrt. Ganz neu für uns war jedoch der geniale Einfall von Klaus Dauven, Hochdruckreiniger als Zeichenutensil zu nutzen und mit diesem Gerät Kunst nicht nur zu bewahren, sondern überhaupt erst zu schaffen.

Eine solche Experimentier- und Innovationsfreude passt sehr gut zur Kultur unseres Unternehmens, und so haben wir uns sehr gern und mit großem Engagement an dem ungewöhnlichen Kunstprojekt „Wild-Wechsel" als Mitinitiatoren, Organisatoren und Ausführende beteiligt. Die Zusammenarbeit mit Klaus Dauven war stets sehr professionell und auch bei der Bewältigung schwieriger Fragen immer sehr angenehm. Ich würde mich freuen, wenn diese erste gemeinsame und so überaus erfolgreiche Aktion der Beginn einer dauerhaften Kooperation zwischen dem Künstler und unserem Unternehmen sein sollte.

Alfred Kärcher GmbH & Co. KG

Hartmut Jenner
Geschäftsführer und Sprecher der Geschäftsführung

Grußwort
Hartmut Jenner

Forelle / Fuchs
Detail, April 2007

Fuchs / Bussard / Zander
Detail, April 2007

Reh / Hecht / Milan / Barsch / Hirsch
Detail, April 2007

Hirsch / Barsch / Eichhörnchen
Detail, April 2007

Der französische Finanzminister Étienne de Silhouette hasste den Pomp der königlichen Schlösser und ihre Ausstattung mit prunkvoll gerahmten Gemälden. Ist es nötig, die Natur in Bildern getreu nachzuahmen und in kostbaren Ölgemälden zu feiern? Genügt es nicht, die Schattenrisse der Dinge zu betrachten, um sich an sie zu erinnern? (Er neigte dazu, das Höhlengleichnis von Plato umzukehren.) Er begann selbst, Scherenschnitte aus schwarzem Papier herzustellen und füllte mit ihnen die Wände seiner Residenz. Er wünschte sich, dass überall Schattenrisse entstehen sollten, eine Kunst von jedermann für jedermann. Er lebte in der ersten Hälfte des 18. Jahrhunderts.

Die Wand der Oleftalsperre ist 282 m breit und senkt sich von der durchgehenden oberen Horizontale langsam bis auf eine Tiefe von 54,6 m. Auf dieser Wand hat Klaus Dauven Bilder von zehn Tieren verteilt, zwei aus der Luft (ein Bussard und ein Milan), vier aus dem Wasser (ein Hecht, ein Barsch, ein Zander, eine Forelle) und vier von der Erde (ein Eichhorn, ein Fuchs, ein Reh und ein Hirsch). Er hat nicht eine Landschaft auf der Wand ausgebreitet, die Luft, Wasser und Erde zeigt; die Wand selbst hat ihm aber vorgegeben, die Fische in eine gesonderte Bildebene zu konzentrieren. Denn die Wand ist durch 13 hohe Bogennischen gegliedert, deren zurückgesetzte Binnenflächen Dauven als durchgehende zweite Wand betrachtet: die Glaswand eines Aquariums, das bis unter die Bogenansätze mit Wasser gefüllt ist. Denn seine Bilderwand ist eine Staumauer; ihre Rückseite bedeckt ein See.

Die Kreaturen der Erde haben keine Standflächen, und die Fische, die hinter ihnen paarweise zur Mitte schwimmen, erscheinen riesengroß. Die Tiere folgen keinem gemeinsamen Maßstab, und so reagieren sie auch nicht aufeinander. Ihre Bilder bedecken die Wandfläche in ausgewogenen Abständen, und der Mensch im Tal des Flusses könnte die große Komposition wie einen aufgerollten Teppich betrachten, würden die Tiere des Landes und die des Wassers sich nicht überschneiden, wären die einen nicht dunkel, die anderen hell.

Alle Bilder der Tiere sind Silhouetten ohne Binnenzeichnungen, grafische Zeichen, Embleme, Symbole mit einem hohen Wiedererkennungswert. Klaus Dauven hat ihre Prototypen bei Google gesucht und sie so weiter verarbeitet, dass sie die Wandfläche angemessen füllen. Die Tiere sind Bewohner der Eifel, in der sich das Wandbild befindet. Bevor der Wanderer sie selbst aufspürt, begegnen sie ihm auf einer überdimensionierten Tafel. Er wird an sie denken, wenn er in den Wäldern ihre Spuren sucht.

Diese Bilder sind auf eine besondere Art entstanden. Jetzt, nachdem die Arbeit abgeschlossen ist, können wir sagen: dort, wo sie dunkel sind, ist die Wand noch mit Algen, Moosen und Flechten bedeckt; dort, wo der helle Beton hervor scheint, ist die Staumauer mit einem Hochdruckreiniger gesäubert worden. Nein, es gab keinen Étienne de Silhouette, der es für notwendig hielt, sie säubern zu lassen, um sie mit Schattenrissen zu bedecken; es gab keinen Auftrag einer Reinigungsfirma an den Künstler, den Vorgang für die Herstellung eines Wandbildes zu nutzen. Es gab nur Klaus Dauven und 8.000 qm Wand in einem Wald seiner Heimat.

In den siebziger Jahren des 20. Jahrhunderts entdeckten einige puertoricanische Jugendliche in *ihrer* Heimat, der New Yorker Bronx, die neuen „Air Brushes" und „Spray Guns" und entwickelten mit ihnen auf Mauern und öffentlichen Verkehrsmitteln eine eigene Sprache des Graffiti, die sich weltweit ausbreitete. Wer in einer Nacht in einem Depot der New Yorker Subway einen Waggon zu „bemalen" schaffte, wurde „Prince", wer einen Zug schaffte, „King of the Writers" genannt. (Die Mauer eines Staudamms hätten sie als größte Herausforderung begriffen!) In den Augen der Besitzer und Nutzer galten sie als Anarchisten, aber anders als jene Studenten und Künstler, die in den 60er Jahren politische Manifeste, Aufrufe zur Rebellion und zum Widerstand – gegen die Gewalt des Staates, die Unterdrückung durch die Polizei, den Vietnam-Krieg – auf Plakate druckten und an Häuserwänden verklebten. Die Bildsprache der „Graffiti Writer" erschien persönlich, kalligrafisch formalisiert, zuweilen dekorativ. Sie fand schnell Eingang in eine legitimierte Straßenkunst und industrielle Werbung.

Die „Air Brush", verteilt Farbe in feinsten Partikeln auf einer Bildfläche. In den „Pochoirs", wird sie verwendet, um mit Hilfe geschnittener Schablonen scharf umgrenzte Felder in Farbflächen auszusparen. Silhouetten entstehen. Und wo Formen geschnitten werden, um Silhouetten herzustellen, werden auch Künstler den alten Scherenschnitt neu entdecken, der in der Zeit des Klassizismus um 1800 und im deutschen Biedermeier viele Liebhaber fand. In den letzten Jahrzehnten hat sich Felix Droese mit großformatigen schwarzen Scherenschnitten beschäftigt, und die afro-amerikanische Künstlerin Kara Walker benutzt sie, um über die Geschichte der Sklaverei zu arbeiten. Etienne de Silhouette´s Name ist mit dieser Art, Bilder herzustellen, verbunden.

Im Gegensatz zu den agitatorischen Plakatkünstlern und Straßenmalern der 60er Jahre entdecken wir bei den „Graffiti Writers" ein persönliches Bedürfnis, das deprimierende Erscheinungsbild der Slums, in denen sie leben, mit leuchtenden Farben und optimistischen Zeichen zu verändern, Aufmerksamkeit für die miserablen Räume der Untergrundbahn im Bauch der Großstadt zu fordern und Bewunderung für virtuose Leistungen zu erregen. Aber die anarchische Energie verbindet die einen mit den anderen. Sie waren bereit, die gesellschaftliche Ordnung, in der sie lebten, zu stören, Gesetze zu verletzen, eine Unordnung zu schaffen, die die ordnungsbewußten Bürger für Verunreinigung und Verschmutzung hielten. Die Beseitigung der Graffiti kostet sie bis heute große Summen.

Der „Zeitgeist" jener Epoche lebt nicht fort. Ein anderer „Zeitgeist" hat ihn ersetzt. Die Arbeit des Klaus Dauven ist ein eindrucksvolles Beispiel für eine neue Ära des öffentlichen Bewusstseins.

Dauven „beschmutzt" nicht den öffentlichen Raum, er trägt keine Farben auf Bildflächen auf, er sprüht nicht Pigmente auf Wände, sondern er reinigt Flächen, er befreit Wände vom Schmutz der Vergangenheit. Er erzeugt Bilder, die zuweilen so aussehen, als kämen sie unter dem Schmutz der Jahrzehnte oder Jahrhunderte wieder zutage.

Eine Staumauer für Étienne de Silhouette
Von Wolfgang Becker

3 Windzeichnungen: Belgien, 2003 (links); Billingsfors/Schweden, 2004 (mitte); Selhausen/Deutschland, 2004 (rechts)

Sein künstlerisches Ego tritt mit großer Bescheidenheit aus der Zone einer anonymen Bilderwelt heraus. 2003 fotografierte er Häuserwände, die nicht einmal Spuren seiner eigenen bildnerischen Handlungen, sondern die von Bäumen und Sträuchern zeigten, die sich in Wind und Regen an ihnen gerieben hatten. Als sie abgesägt und beseitigt waren, wurden ihre Spuren sichtbar. Im April 2004 „möblierte" er einen Kellerraum in Köln, der wenigen zugänglich war, indem er mit einer Drahtbürste in den Schmutzschichten der Wände Fenster mit Blumentöpfen, Tisch und Stühle und ein mehrteiliges Flaschenregal gestaltete. (Er illustrierte sozusagen das platonische Höhlengleichnis.) Alle Instrumente, die der Reinigung von Böden und Wänden dienen, von jener Drahtbürste bis zum Staubsauger und Flachstrahlgebläse, faszinieren ihn. Diese Arbeit ist nicht mit der des Restaurators zu verwechseln. Dauven sucht keine Bilder unter dem Schmutz, sondern schafft selbst Bilder in der Dialektik der Bildflächen und dem, was sie bedeckt.

Als in Paris eine Gruppe von Malern vor 35 Jahren über das Verhältnis von Bildgrund und Bildoberfläche nachzudenken begann, gab sie sich den programmatischen Namen SUPPORT SURFACE und brach aus der akademischen Praxis der auf Keilrahmen gespannten Leinwände ebenso aus wie aus der klassischen Öl- und Acrylmalerei mit Pinsel und Spachtel. Sie blieb aber bei Tüchern, die vielfältig eingefärbt und aufgehängt wurden. In Dauvens Arbeit tauchen keine Tücher auf. Er braucht Orte, Räume, schmutzbedeckte Wände. Die Graffiti, die er seit 1999 zeichnete, erhalten sich auf

Ohne Titel, Köln, Luxemburger Straße, 2000 (links);
Ohne Titel, Weilerswist, 2000 (rechts)

den Betonwänden von Straßenbrücken. Die Staumauer der Oleftalsperre war ihm schmutzig genug, um sich daran zu versuchen.

Über 700 Bildpunkte haben zwei Assistenten die Vorzeichnung von Dauven mit einem Laserstrahl auf die große Wand übertragen. Auf einer beweglichen Arbeitsplattform hat er dann die Umrisse gezeichnet und mit seinen Helfern und jenen Hochdruckreinigern die große „vordere" Wand so gereinigt, dass die Tiere der Erde und der Luft als schmutzige, dunkle Schattenrisse stehen blieben, und auf der „hinteren" Wand der Nischen nur die Binnenflächen der Fische so abgestrahlt, dass sie als weiße Silhouetten sichtbar wurden. Nie zuvor hat er sich die Aufgabe gestellt, einen Entwurfskarton von menschlichen Dimensionen in solche Größe zu übersetzen. (Allein das Eichhörnchen ist 15 m hoch.) Die Herstellungsweise würde keine Details, keine Binnenzeichnungen, nicht einmal Augenöffnungen zulassen. Die Dialektik von schmutziger und sauberer Bildfläche, von Schwarzgrau und Weißgrau würde auch dazu führen, dass die getrennten zwei Bildebenen, die der Vierbeiner und Vögel und die der Fische, weniger deutlich hervortreten als in der Vorlage. Eine kristalline, kubistische Brechung entsteht, die der Signalwirkung der Komposition widerspricht und den Betrachter zwingt, länger hinzuschauen, die vertrackten Überschneidungen aufzulösen, Schwanzflossen und Mäuler zuzuordnen. Das Werk wurde in sechs Tagen vollendet.

Der Mensch, der sich der großen Wand nähert, erschrickt nicht, er staunt. Sein Blick wird von den Bäumen und Büschen begrenzt, die die Seiten der Mauer spärlich durchscheinen lassen. Die grauweißen und grauschwarzen Flächen und ihre Umrisse schmeicheln sich sanft seinen Augen ein. Sie sind jetzt schon Teil der bewachsenen und bebauten Erde, die ihn umgibt. In den nächsten zehn Jahren werden sie langsam unsichtbar werden. Dauven hat ein monumentales Panoramabild geschaffen, das nicht nur seinen Ehrgeiz, sondern ebenso seine Bescheidenheit widerspiegelt. Nein, es sollte sich nicht abheben: hier die Kunst, dort die Natur.

Der „Zeitgeist" der Gegenwart enthält nur an seinen Rändern die Möglichkeiten zur Anarchie – in Amokläufen Einzelner und gewalttätigen Aufständen Jugendlicher in den Vorstädten der Metropolen, in spröden, chaotisch anmutenden Environments von Künstlern, die durch ihre Präsentation in Museen sanktioniert sind. Er scheint geprägt von Prozessen und Wünschen, die sich in Worten wie Konservieren, Restaurieren, Reinigen,

im keller, Kunstraum PROJETDEUX, Köln, 2004

Ausgraben, Wiederverwerten, Recycling spiegeln, ihn prägt ein ängstliches Mitleid mit Opfern von Kriegen und Gewalt, ein wachsendes Bewusstsein von der Gefährdung der Natur und eine zunehmende Entfremdung des Menschen von Tieren und Pflanzen, die in seiner Hand, durch seine schützenden Manipulationen ihre Identität einbüßen.

Die große Wand der Oleftalsperre zeigt ihre Schatten. Sie sind so umrissen, dass die Tiere leicht zu erkennen sind. Sie verharren in typischen Positionen. Sie stehen, schwimmen und fliegen für ihre Spezies. Der Wanderer im Tal hier gleicht dem in der Höhle gefangenen Menschen in Platos berühmter Parabel, der nichts als die Schatten der Dinge kennen lernt, bevor er befreit wird und den Dingen selbst begegnet. Sokrates führt aus: „Gewöhnung also, meine ich, wird er nötig haben, um das Obere zu sehen. Und zuerst würde er Schatten am leichtesten erkennen, hernach die Bilder der Menschen und der andern Dinge im Wasser, und dann erst sie selbst. (…) Zuletzt aber, denke ich, wird er auch die Sonne selbst, nicht Bilder von ihr im Wasser oder anderwärts, sondern sie als sie selbst an ihrer eigenen Stelle anzusehen und zu betrachten imstande sein." So wird der Wanderer von den Schatten der Tiere auf der Wand zu den Tieren selbst geführt. Sein Weg ist sein Ziel. (Die Menschen des 20. Jahrhunderts haben aber auch die apokalyptische Vorstellung kennen gelernt, dass von Dingen nur ihre Schatten erhalten bleiben.)

Wolfgang Becker
Aachen im April 2007

Vorzeichnungen „Wild-Wechsel"

Tusche auf Papier, je 21,5 x 29 cm

Die Reinigung
2. – 12. April 2007

Technische Details
Beispiel Mount Rushmore

Das Projekt „Wild-Wechsel" wäre wohl nicht zur Ausführung gekommen, wenn Kärcher bei der restauratorischen Reinigung der Präsidentenköpfe am Mount Rushmore nicht schon technische und organisatorische Erfahrungen gesammelt hätte, die sich großenteils auf die Oleftalsperre übertragen ließen.

Die augenfälligste Gemeinsamkeit liegt darin, dass in beiden Fällen Hochdruckgeräte eingesetzt wurden. Diese Technik eignet sich besonders gut für die Entfernung von organischen Verschmutzungen, wie sie sowohl an den Präsidentenköpfen, als auch an der Staumauer vorlagen. Auch konnte durch die Verwendung reinen Wassers ohne Zusatz von Chemie den ökologischen Erfordernissen an beiden Orten entsprochen werden – der Mount Rushmore befindet sich in einem Nationalpark, die Oleftalsperre in einem Wasserschutzgebiet.

In den Black Hills bestand die Schmutzschicht vor allem aus hartnäckigen Flechten, in der Eifel aus dicken Moosauflagen, was den Einsatz unterschiedlicher Düsentypen erforderte: in den USA in erster Linie die Rotordüse mit hoher schmutzbrechender Wirkung, in Deutschland die Flachstrahldüse, die sich aufgrund des gleichmäßigen Spritzbildes auch zum Zeichnen eignet.

Am Mount Rushmore war das Ziel eine möglichst nachhaltige Entfernung steinschädigenden Pflanzenbewuchses, was mit Heißwasserhochdruckreinigern ausgezeichnet gelang. An der Oleftalsperre wurden dagegen Kaltwassergeräte verwendet, da ablaufendes heißes Wasser immer noch Reinigungswirkung entfaltet und die scharfen Konturen der angelegten Zeichnung gleich wieder zerstört hätte.

Die Oleftalsperre liegt im Nationalpark Eifel bei Hellenthal im Kreis Euskirchen (Nordrhein-Westfalen). Sie wird von dem Fluss Olef gespeist und hat rund 19,3 Millionen Kubikmeter Fassungsvermögen.

Die Talsperre wurde in den Jahre 1955 bis 1959 errichtet. Sie dient dem Hochwasserschutz, der Niedrigwasseraufhöhung, der Trink- und Brauchwasserversorgung sowie der Energieerzeugung.

Das Absperrbauwerk der 54,6 Meter hohen und auf der Mauerkrone 282 Meter langen Oleftalsperre besteht aus einer Kette von 16 Hohlpfeilern, die jeder für sich eine statische Einheit bilden und in den Pfeilerfugen durch zwei Dichtungselemente miteinander verbunden sind. Zur Herstellung der Pfeiler wurde ein unbewehrter Gobrüttelbeton unter Verwendung von Sulfathüttenzement eingesetzt. Zwängungskräfte aus dem Gründungsfels und dem Fundamentbeton und unerwartet hohe Eigenspannungen des Betons aus Schwinden und Temperaturänderungen machten zunächst eine luftseitige Verstärkung (1962 bis 1965) und später auftretende erhöhte Zugspannungen auf der Wasserseite, die von den ständigen Schwankungen der Außentemperaturen und der Temperaturdifferenzen zwischen innen und außen herrührten, eine zweite kombinierte luft- und wasserseitige Verstärkung (1982 bis 1986) erforderlich. Zudem wurden die an der Luftseite ursprünglich offenen Zwischenräume der Pfeiler aus Gründen des Temperaturausgleiches geschlossen. 4,5 Millionen m^3 Rohwasser werden pro Jahr für die Trinkwasseraufbereitung verfügbar gehalten. Die Kraftwerks-Ausbauleistung beträgt 3 MW, das jährliche Arbeitsvermögen 2,6 GWh.

Die Olefstaumauer ist auf Grund ihrer Entstehung und Entwicklung einzigartig in Deutschland und darüber hinaus. Sie gehört zum Wasserverband Eifel-Rur.

Die Oleftalsperre
Daten und Fakten

6. 6. 1966	geboren in Düren / NRW
1987 - 1990	Studium an der Kunstakademie Düsseldorf bei Klaus Rinke
1990 - 1998	Studium an der Kunstakademie Münster bei Gunther Keusen, Ingrid Roscheck und Joachim Bandau
1993	Meisterschüler von Ingrid Roscheck und Gunther Keusen; Gaststudium an der Ecole des Beaux Arts, Aix-en-Provence
1994	Förderpreis der Fördergesellschaft der Kunstakademie Münster
1995	Joseph und Anna Fassbender-Preis, Brühl
1998	Kunstpreis der Stadt Düren zum Stadtjubiläum
2001	Frans Masereel-Centrum, Arbeitsstipendium in Kasterlee (Belgien)

Biografie
Klaus Dauven

Ausstellungen – Eine Auswahl *(K = Katalog)*

1994	„Spektakel", Kunst- und Musikstudenten aus NRW stellen sich vor, Museum am Ostwall, Dortmund; KOMM-Galerie, Düren (Einzelausstellung)
1995	Galerie Jöllenbeck, Köln (mit Heike Kati Barath und Tazro Niscino) Rathausgalerie, Brühl (Einzelausstellung anlässlich des Fassbender-Preises)
1997	„Saldo", Ehrenhof, Düsseldorf (K), „unterherzjesu", Klasse Bandau in der Kirche Herz Jesu, Köln (K); Leopold-Hoesch-Museum, Düren (mit Peter Hoßdorf, K); Kunstpreis Junger Westen, Recklinghausen (K)
1998	Leopold-Hoesch-Museum (Kunstpreis der Stadt Düren)
2002	museum hedendagse kunst, De Pronkkamer, Uden; NBKS, Breda (Niederlande)
2003	„Vorgebirgspark-Skulptur", Köln, Vorgebirgspark (K) Museum Elzenveld, Antwerpen
2004	Nieuw Provinciehuis Flaams-Brabant, Leuven (Belgien); „Im keller", projetdeux, Köln, Einzelausstellung; „Reingrün", Galerie Der Spiegel, Köln, Einzelausstellung (K) „PRIVATGRÜN – Dachgarten", Köln, (K)
2005	„Brückenbaumwerk", galerie januar, Bochum, Einzelausstellung zum 25jährigen Jubiläum (K)
2006	„Schöne Aussicht", Galerie Lutz Rohs, Düren; „Vorfahrt", Kunstprojekt Birkenwaldstraße, Stuttgart (K); „inside-outside", Gruppenausstellung, Schloss Burgau, Düren; „Continental Drift", Einzelprojekt, Evangelische Gemeinde Düren ; „Carte Blanche", 14 Künstler in St. Fronleichnam, Aachen

Danksagung / Impressum
Drove im April 2007

Mit besonderem Dank

Alfred Kärcher GmbH & Co KG, Winnenden
Wasserverband Eifel · Rur, Düren
GEOSYS° Ingenieurbüro für Vermessung & Geoinformation, München
GSAR mbH Industrieklettern, Besigheim
av medien AG, Stuttgart/Ulm
David Franck Photographie, Ostfildern
Landschaftsverband Rheinland
Sparkasse Düren
Kreissparkasse Euskirchen
gepe Gebäudedienste PETERHOFF GmbH, Düren
KletterFABRIK, Köln
Fuhrwerkswaage Kunstraum, Köln
Schloemer-Gruppe, Düren
Stadt Düren
Kreis Euskirchen
Freiwillige Feuerwehr, Schleiden
Gemeinde Hellenthal
Wasserverband Oleftal
Arenbergisches Forstamt Eifel
RWTH Aachen

In alphabetischer Reihenfolge

Friedhelm Achsmacher
Cornelia Andelfinger
Joachim Bandau
Frank Blaeser
Wolfgang Becker
Max Busch
Peter Dauven
Stephanie Dauven
René Dichant
David Franck
Thomas Grögel
Gernot Hallen
Jochen Heufelder
Wolfgang Hörnchen
Norbert Hoppe
Gregor Jäger
Hartmut Jenner
Winfried Kaiser
David Kern
Jens Kranhold
Stefan Knodel
Paul Larue
Rainer Lux
Roman Martinek
Theo Michiels
Thorsten Möwes
Susanne Nehls-Bhayani
Erich Peterhoff
Herbert Polczyk
Günter Rosenke
Frank Schad
Matthias Schäfer
Frank Schnorrenberg
Hartmut Spenn
Kerstin Stremmel
Walter Thomassen
Jan van der Most
David Wickel

Impressum

Fotos: Max Busch; David Franck (S. 22, 24 – 27); Jens Pfisterer (S. 24); Fredrik von Erichsen, dpa (S. 25)

Gestaltung: Matthias Schäfer, Köln
Druck: Schloemer-Gruppe, Düren
Titelfoto: Max Busch

In Zusammenarbeit mit dem Fuhrwerkswaage Kunstraum Köln

Kontakt Klaus Dauven:
www.klaus-dauven.de

Dieses Buch ist urherberrechtlich geschützt. Sämtliche Arten der Vervielfältigung oder der Wiedergabe – insbesondere der Nachdruck von Text und Bildern – sind nur im Rahmen der gesetzlichen Bestimmungen zulässig.

Hahne & Schloemer Verlag
ISBN 978-3-927312-82-1